Bulgarian Tales

Complied by Ogi Karam

Copyright © 2021 Ogi Karam - Publisher (via Amazon)
© Michaela Kocheva - Translator
© Nikoleta Nikolova - Illustration

ISBN: 9798717063968

© Ogi Karam on this book as it is

Disclaimer: The texts are written by Bulgarian authors last century or a part of the Bulgarian folklore tradition.

To all who are
learning
the Bulgarian
culture & language

CONTENTS

Prolog - 1

The testament of khan Kubrat - Angel Karaliychev - 3
Заветът на кхан Кубрат - Ангел Каралийчев - 7

The Willessness - Angel Karaliychev - 11
Неволята - Ангел Каралийчев - 13

Plums for rubbish - Elin Pelin - 15
Сливи за смет - Елин Пелин - 19

Who does not work, shall not eat - Ran Bosilek - 21
Който не работи, не трябва да яде - Ран Босилек - 27

The young Witty Peter - Ran Bosilek - 33
Младият Хитър Петърк - Ран Босилек - 35

Serafim - Yordan Yovkov - 37
Серафим - Йордан Йовков - 43

The golden apple - Nikolay Rainov - 51
Златната ябълка - Николай Райнов - 57

The legend of the "martenitsa" - Bulgarian legend - 63
Легендата за Мартеницата - Българска легенда - 67

About the "Martenitsa" - 71
За Мартеницата - 75

Prolog

Bulgaria, an ancient and eternal land.

It is since the beginning of time that our land was called Bulgaria, no matter where we, the Bulgarians, were.

Our legends and tales bring us memories from the past, where people lived in harmony with nature's elements and knew even the deepest secrets of the cosmic universe.

Our ancestors were building tombs copying perfectly the stars constellations and measuring the time with the most exact calendar that humankind has known. (The ancient Bulgarian calendar was recognised by UNESCO as the most accurate one in 1976.)

Let this book reveal some eternal truths for those who are seeking.

Because, as a prophetess once proclaimed: *"Bulgaria will be!"* And in the current context of turbulent cataclysms and changes, it is good to know this!

By buying this book you show your interest in such information and help in publishing more books like this one, for which I am deeply thankful!

The testament of *khan Kubrat

** The sound "K" is not pronounced which is why the official pronunciation of the word is [han]. The real title is **Khan Uvigi**, which means "From God" or "Placed by God".*

When khan Kubrat felt that his hour had come, he stood on his bed and started looking around with his eyes gazing around. There was just silence.

- *Where are they?* –the old ruler asked with a weak voice – *Where are my sons?*

- *We are all here.* –the older one, Batbayan, responded, sitting in the doorway, leaning on his short sword. Dark thoughts have taken over his mind.

Behind him were standing the other sons of the khan. Through the open door one could see the sun glittering over the valley and the slams of the five men were shining in bright red, reflecting the sunset. The day was slowly starting to descend somewhere far away in the quiet steppe.

- *Come closer to me, falcons of mine. Let me give you one last look before I close my eyes for the last time.*

The big men with faces dark and swollen by the strong wind, covered in scars from old wounds and with eyes, burning with wildness and courage came closer to their sick dad and stood on their knees. The sound of the swords hitting the marble floor was heavy and the horse tails – the flags of the proto-bulgarians – fell and scattered like silk on the mirrored white marble floor.

The old Khan reached out and started to caress their heads, eyes and shoulders.

-*Is that you, Batbayan? My oldest, wisest son, who has always put his beloved homeland above all. Keep your brothers when they start to crave new, foreign lands because wolves roam around the barn and as soon as the lamb appears outside, they will tear it apart.*
Is that you, Kotgar?

Come closer, Alcek, how dark you have become! You are coming from the north border. Is the Khazarian king ready, is he sharpening his sword? Is he waiting for me to die?

Kuber, you, who scare away even the wild beasts; you, who wander around in the deep forest, hunting the bears and the boars; It is time, my son, for you to turn your arrows towards the boars that are prowling on our borders. How big and strong you are! Our enemies will tremble like chickens, hunted down by bird of prey by the sight of you.

And you, Asparuh, looking at me with sad eyes? Come over, let me kiss you on the forehead. The taltos, my first shaman, told me you will conquer a new land. Which land would it be? I am leaving this world with joy as I see the strong hands of the men that I'm leaving it in. Open the window so I see my land once again! Alcek, bring me next to the window!

Alcek leaned, took the old sick man as a lamb and brought him by the open window. The evening wind touched the yellow forehead of the khan and wafted his white hair. The eyes of the dying king became filled with joy.

- What a valley! What a boundless steppe! Build cities and fortresses, breed horses, forge weapons! What else was I about to say? Alcek, put me back on the bed and bring a dozen of the spears that belong to the soldiers guarding the doors of aula!

Alcek jumped out and quickly returned with a bundle of dogwood spears with sharp iron tips.

-Alcek- said Khan Kubrat -*Take only one spear now and try to break it.*

The young son of the Khan smiled, grabbed a spear, bent it over and watched it breaking down in two.

-Now - said the old khan - *Take the whole bundle and try to see if you can break the whole bundle.*

Alcek grabbed all the spears, laid them by his knees, then stretched his muscular arms, bent over and started trying to break them. He was trying as strong as he could, sweat coming from his forehead as he was straining without success.

- *You see* - said Khan Kubrat with his eyes lit up - *If you divide Bulgaria into five, each of you will be as strong as one spear. If you are together, no enemy will be able to crush you.*

The wise khan closed his eyes slowly. The sun sank behind the valley. Death descended invisibly, touched the helmets of the five kneeling men with its soft black wings, and bent down to take Khan Kubrat's soul.

Заветът на *кхан Кубрат

* Бел. Ред. Звукът "К" не се произнася и затова официално се е наложило "хан". Истинската титла е кхан ювиги, което означава "От Бога поставен" с посвещение във физическия и духовния свят.

Когато хан Кубрат усети, че е дошъл смъртният му час, повдигна се върху одъра и с трескави очи се озърна наоколо. Глуха тишина и безмълвие.

- *Къде са* — попита с немощен глас старият господар - *синовете ми?*

-*Тука сме всички* - отвърна най-старият Батбаян, който беше седнал на прага, опрян на късия си меч и потънал в тежка мисъл. Зад него се бяха изправили другите четирима по-млади Кубратови синове. През отворената врата се виждаше слънцето как трепти ниско над равнината и шлемовете на петимата мъже лъщяха, обгорени с червен пламък. Денят захождаше някъде далеч в дълбочината на равната притихнала степ.

- *Елате по-близо до мене, соколи мои, да ви погледна още веднъж, преди да склопя очи.*

Едрите мъже, с лица почернели и обрулени от степния вятър, набраздени с белези от някогашни зарасли рани, и с очи, в които блещукаше дива смелост, се приближиха до болния баща и коленичиха. Тежко звъннаха мечовете им върху мраморните плочи, а конските опашки - знамената на старите българи - паднаха и се разпиляха като коприна върху огледалния бял мрамор.

Старият хан протегна сухите си ръце към тях и почна да ги милва по очите, по главите, по раменете.

- *Ти ли си, Батбаян? Моят мъдър най-голям син, който винаги е залягал за родната си земя... Дръж братята си, когато започнат да ламтят по чужди земи, защото вълци обикалят край кошарата и щом агнето се покаже вън - ще го разкъсат.*
Ти ли си, Котгар?

Ела насам, Алцек, колко си почернял! Ти идеш от северната граница. Готов ли е царят на хазарите, остри ли си меча? Чака ли да се гътна?

Кувер, страшилище за дивите зверове, ти по цели дни бродиш в дълбоките лесове и дебнеш глиганите и мечките. Време е, синко, да обърнеш стрелите си към глиганите, които ръмжат край границата на държавата ни. Колко си грамаден и силен! Пред тебе враговете ще се пръскат като пилета, когато отгоре им налети стръвна птица.

А ти, Исперих, какво ме гледаш с нажалени очи? Ела да те целуна по челото. Талтошът, първият ми жрец, ми каза, че ти ще завладееш една нова земя. Коя ще бъде тя? Аз напущам с радост тленния свят, като виждам в ръцете на какви здрави мъже оставям земята. Отворете прозореца да я видя още веднъж!

Алцек, занеси ме до прозореца!

Алцек се наведе, сграби болния като агне и го занесе до отворения прозорец. Вечерният вятър лъхна жълтото чело на хана и разроши бялата му коса. Разведриха се и хлътналите очи на умиращия.

-*Каква равнина! Каква безгранична степ! Градете градове, издигайте крепости, развъждайте коне, ковете оръжия! Какво исках още да ви кажа? Алцек, отнеси ме на леглото и тичай навън да донесеш десетина копия! Донеси копията на войниците, които вардят портите на аула!...*

Алцек изскочи навън и бързо се върна със сноп копия от дряново дърво с железни остри върхове.

- *Алцек —* каза хан Кубрат, *- вземи сега само едно копие и опитай да видим можеш ли го счупи.*

Младият хански син се усмихна, грабна едно копие, огъна го и то изпраща.

- Вземи сега всичките на сноп и опитай да видиш можеш ли ги строши, когато са заедно?

Алцек грабна всичките копия, опря ги до коляното си, напъна мускулестите си ръце, огъна се цял, пот като град рукна от челото му, ала не можа да ги строши.

- Видите ли — дигна се със светнали очи хан Кубрат, - *ако разделите България на пет, всеки от вас ще бъде силен, колкото беше силно едното копие. Ако бъдете заедно, никой враг не ще може да ви съкруши.*

Мъдрият хан полека затвори очи. Слънцето потъна някъде зад равнината. Смъртта слезе невидима, докосна с меките си черни крила шлемовете на петимата коленичили мъже и се наведе за хан Кубратовата душа.

The Willessness

Once upon a time there was a family of an old father and his two sons. The father was a lumberjack and he would often take his sons with him in the woods. One day he told them:

- Kids, would you please go to the woods alone as I am very tired and need to rest.

- So be it, dad! – The boys said – But if the car breaks down, who will fix it?

- If the car breaks down, son, call out the Willlessness. She will fix it.

The two boys took his words. They harnessed the oxes, hooked them up and went into the woods. They cut some trees, loaded them in the cart and left. Unfortunately, on the way back the cart broke down. The boys pulled over and started screaming:

- *Willlessness! Willlessness! Come fix our cart!*

They were calling and calling but no one responded. Evening dusk started to embrace the sky and yet the Willlessness was nowhere to be seen. At last, the younger son said:

- *Brother, this damn Willlessness will not show up! It is already dark. Let's get it done ourselves; we will try to do our best and get it fixed!*

The two boys took the hatchet and the claw hammer. They leaned down and started nipping here and there until they fixed the cart.

As they came home their father asked them:

- *So, how was it in the forest?*

- *Don't even ask!* – The sons responded – *The cart broke on the way. We were calling and calling that bloody Willlessness, we screamed our heads off but she did not show up. We realized she will not come at all so we took the hatchet and the claw hammer and we fixes the cart as good as we could.*

-*That, my son, is the Willlessness!* – Said their father – *You were calling and calling for her while she was inside you the whole time. As there was no one to fix your cart, you fixed it up by yourself. Which means the Willlessness fixed it.*

Неволята

Две момчета често ходели с баща си за дърва в гората. Веднъж баща им казал:

- *Деца, хайде идете самички за дърва!*
- *Бива, тате* — рекли момчетата. — *Ами ако се строши колата, кой ще ни я направи?*
- *Ако ви се строши колата, синко, викайте неволята. Тя ще ви я направи.*

Двете момчета послушали баща си. Впрегнали воловете. Отишли в гората. Насекли дърва. Натоварили добре колата.

Тръгнали си. Не щеш ли, насред пътя им се строшила колата. Спрели се момчетата и почнали да викат:

- *Неволъо, Неволъо! Ела ни поправи колата!*

Викали, викали, никой не им се обадил. Взело да се мръква, а неволята я нямало още никаква. Най-после по-малкото момче рекло:

- *Бате, тая проклета неволя няма да дойде. Мръкна се вече. Я да се заловим самички и колкото можем, да си поправим колата!*

Двете момчета взели брадвата и теслата. Навели се и — клъц оттук, клъц оттам — поправили колата.

Като си отишли, баща им ги попитал:

- *Е-е, как прекарахте в гората?*
- *Остави се, тате!* — рекли те. - *Насред пътя ни се строши колата. Викахме, викахме проклетата неволя, гърлото си продрахме, но тя не ни се обади. Видяхме, че няма да дойде. Взехме брадвата и теслата и колкото можахме, поправихме колата.*

- *Ето, синко, това е неволята!* — казал баща им. - *Вие сте я викали, а тя е била при вас. Като нямало кой да ви стегне колата, поправили сте я самички. Гдето ще рече, неволята ви я е поправила.*

Plumbs for rubish

Once upon a time in a small village lived an old man and his son. As the boy grew up and was ready for marriage, his father started to wonder how to get him a good maiden, who would be a proper match for his son.

He was thinking it over and over until one day he finally came up with a plan. He loaded his cart with plums and went around the villages to sell them.

- Come around folks! I am selling plums in exchange for rubbish! Plums in exchange for rubbish!

Women, maidens, elderlies and newly brides – they all started to clean and broom their houses and complete who could get the most rubbish so they could get more plums.

You see, rubbish is something that God generously gifted to our world. Some were bringing full sacks, others – big pots or even garbage wrapped in cloths. As they were carrying the waste they were lauding themselves:

- Look how much rubbish I could get at home! It is great that such a crazy plum seller came so we can give it to him, not step all over it or sweep it in the corners...

- That's nothing! I have collected all this and I have one more pile to bring.

- I could not collect it all even if I were cleaning for a year. It has accumulated so much! This is just a little something I broomed on a quick hand because I would love some plums.

The old man was getting rubbish and giving back plums to the peasants. Everyone was happy, including the man himself, who was full of joy and could not stop smiling.

Finally, a beautiful girl arrived at the place where he had parked the cart and was selling the plums. She was carrying a little bit of dirt in one tissue. Was she really thinking she could get any plums for this?

- Beautiful lady, you have collected way too little! What could I possibly give you for this much rubbish?

- If I could I would have brought some more, dear man, but we don't have any more! As a matter of fact, this waste is actually not ours. The neighbors gave it to me since I helped them broom.

When the old man heard that, he was very happy. A girl so clean and hardworking, who does not have any rubbish at home, was going to be the best housewife for his son!

He asked her family to marry her for his son and they were wed. The old man was very happy with his wise decision.

Сливи за смет

Един селянин имал син. Когато той пораснал вече за женитба, баща му почнал да мисли как да го ожени за добра мома, тъй че да са си лика-прилика.
Мислил, мислил и най-после намислил. Натоварил една кола със сливи, па тръгнал по селата да ги продава.

- Хайде, давам сливи за смет, сливи за смет.

Жени, моми, баби и булки – разшетали се да метат къщите и да се надпреварят коя повече смет да събере, та повече сливи да вземе.

Пък смет дал Господ, колкото искаш. Една носи цял чувал, друга – крина, трета – пълна престилка. Носят и се хвалят:
- Леле, гледай колко смет събрах из къщи. Добре, че дойде такъв щур сливар да му го дадем, че да го не тъпчем по кьошетата!
- Аз тая смет събрах и още толкова имам да събирам.
- Пък аз цяла година да събирам, не мога я събра. То се насъбрало, насъбрало – колкото искаш. Сега на бърза ръка посметох малко, че ми се ядат сливи.

И човекът събирал смет, давал сливи. Всички доволни и той весел, не може да се насмее и нарадва.
Най-после дошло едно хубаво момиче. То стискало малко смет в една кърпа. И рекло сливи да купува.- Е-е, хубава девойко, много малко си събрала! За толкова смет какви сливи ще ти дам?
- Донесла бих и повече, чичо, ама нямаме. И тая не е от нас, дадоха ми я съседите, задето им помагах да метат.

Човекът, като чул това, много се зарадвал. Такова чисто и работливо момиче, което не държи в къщи прашинка смет, ще бъде най-добра къщовница.
И той я поискал за снаха. Оженил сина си за нея и много сполучил.

Who does not work, shall not eat

When Galinka was about to be married, her mother was telling her future husband's family:
- *My dearest daughter shall not overwhelm herself with work as she is not used to work hard. Take care of her. Don't make her broom the house for the dust will damage her eyes. Don't make her bring water from the spring and carry the heavy pots for her arm is delicate and not used to heavy burdens. Put a fluffy pillow under her head as she is used to sleeping on soft cushions.*

The old couple looked at each other without saying anything.
- *Promise me you will never say a bad word to her. Her ears are not used to listening to bad talk.*
- *About that, do not worry. In our house there is no such thing.* – said the father-in-law and went in the cart. His wife sat next to him and Galinka and her husband sat behind them. They took off to the other village. They travelled the whole day as the village was far away.

In the evening, as they arrived, the mother in law put her sleeves up, prepared a banitsa*, slaughtered one chicken, cooked it in a pot, went in the cellar and poured some wine. Galinka was sitting on a chair with her hands crossed and thinking to herself:
"*What a hard-working woman my mother in law is, just like my mother. We will live a very happy life here.*"
They had a nice dinner and went to bed. The night went by.
On the next day the old father in law went up early and woke up everyone:
- Come one – get up and let's go to the fields!
- *What are we going to do there?* – asked Galinka, who was rubbing her eyes confused and yawning.
- *We will dig the ground in the cornfields.*
-*With hoes?* – asked the dearest daughter-in-law
- *Of course we will do it with hoes.* – said the mother-in-law
 -*I am not coming.*
 -*Why?* – Asked her husband

- *Because the hoe is heavy and I should not carry heavy tools.*
- *Leave her.* – The old father in law said - *Let her clean the house and prepare a meal for tonight. Help is needed here, too.*

They went to the cornfields and the young wife stayed home. She was lying until the afternoon. When she finally woke up she felt hungry and started looking for some food but could not find anything in the pots.
- *They did not leave me anything, they forgot about me.* – Galinka stretched herself and went in the garden – *What a beauty!* – She gasped and started to pick and smell the flowers. The little bees were flying around full of joy.
- *Why are they in such a hurry?* – wondered Galinka and headed to the nearby cherry tree.

She lay in the grass, had some cherries and a small nap. That is how she spent her day.

In the evening the three diggers came back tired and found the house unattended, untidy, there was no water, the fire was off and the chickens were hungry.

The mother in law threw the hoe, and the first thing she did was taking the pots and bringing water from the well. She turned the fire on, prepared some potatoes in the pot and started making a pita bread. She managed to prepare the dinner quickly as Galinka was looking at her, sitting on a chair and wiggling her feet. When the dinner was ready the mother in law invited everyone:
- *Dinner is ready, come sit and let's have dinner.*

Galinka was the first to sit. The father took the pita and spread it into three pieces: one piece for his wife, one for his son and one for himself.
- *And what about the spouse?* – asked the old mother in law
- *She is not hungry. A person that doesn't work doesn't get hungry either.*

Galinka went green, bit her lips and left the table. She went into her room and started crying.

The newly wed could not sleep the whole night from hunger.

In the morning the same story repeated itself. The three workers went to plant in the orchard. Galinka did not want to go with them.
- *The sun is very strong – I will get tanned.*
They left her at home. That day, once again, she did not touch a thing. She found a piece of old bread, left for the dog, ate it and lay around the whole day. Since she did not bring any water, the beautiful flowers started to dry out.

Late in the evening, the three workers came back exhausted. The mother in law, grumpy as she was, started to knead the bread. When they sat around the table once again, the father in law divided the bread in three parts once again. Galinka was left empty-handed.
-*Why aren't you giving food to the spouse? –* Asked the mother in law again
- *Because who does not work, shall not eat!*

Galinka was awake the whole night, deep in thoughts. She fell asleep at dawn. As the first sounds of the cock's song hit the yard she stood up. She looked around for her husband and his parents but they had already left earlier, in the dark to go to the fields. She put her sleeves up and started running around. She brought water from the well, broomed the house and the garden, watered the plants and prepared the fireplace. She blended some flour on the mill and kneaded a nice pita bread. When the housework was over, she took a distaff and started to knit at the doorway.

In the evening the eyes of the family lit up when they saw what the young spouse did. She prepared the dinner table and gave the baked pita to her father in law, waiting impatiently for what he will do. This time, he spread it into four pieces and gave one to her as well.

- Eat it, my child, for you have deserved it with your hard work.

Galinka had never tasted such a sweet bread.

* Translator's note: Banitsa (баница) A typical Bulgarian tart-like meal made from very thin layers of dough, eggs, white cheese and yoghurt. It is usually eaten for breakfast and for special occasions like weddings or Christmas.

Който не работи, не трябва да яде

Когато Галинка се зажени, нейната майка поръчваше на старите сватове:

– Мамината дъщеричка не бива да се трепе, тя не е научена да работи. Пазете ми я. Не ѝ давайте метлата къщата и двора да мете, защото ще си напраши очите. Не ѝ давайте менците вода да носи от чешмата, защото нейното рамо е крехко и не е научено да мъкне пълни менци. Сложете под главата ѝ пухена възглавничка, защото тя е научена да спи на мекичко.

Старите сватове се спогледаха, но нищо не казаха.

– Обещайте ми, че никога няма да ѝ казвате лоша дума. Нейните уши не са научени да слушат лоши думи.
– Колкото за лоша дума, недей се тревожи, в нашата къща такова нещо няма – проговори старият сват и се качи на каруцата. До него се намести свекървата, а отзад седнаха младоженецът и Галинка. Потеглиха за другото село. Цял ден пътуваха, защото селото беше далеко. Вечерта, щом пристигнаха, свекървата запретна ръкави, приготви една баница, закла пиле, свари го в тенджерата, слезе в зимника и наточи вино. А Галинка седеше на едно столче, скръстила ръце, и си думаше:

„Ах, каква чевръста жена е тая моя свекърва, също като майка ми. Добър живот ще живеем тук".

Навечеряха се хубаво и легнаха да спят. Изтърколи се нощта.

На другия ден старият свекър се дигна рано и събуди всички:

– Хайде – викна той, – *ставайте да вървим на нивата!*
– *Какво ще правим там?* – потърка съненитe си очи Галинка и почна сладко да се прозява.
– *Ще копаем царевица.*
– *С мотики ли?* – попита мамината дъщеричка.
– *То се знае, че с мотики* – обади се свекървата.
– *Аз няма да дойда.*
– *Защо?* – запита младоженецът.

– *Защото мотиката е тежка, а пък аз не бива да вдигам тежки работи.*

– *Остави я* – рече бащата. – *Нека разтреби къщата и приготви ядене за довечера. И тук трябва човек.*

Отидоха домакините на нивата, а младата невеста остана вкъщи. До пладне се излежава. Като се дигна, тя усети, че е изгладняла, и почна да търси нещо за ядене, но не намери нищо в тенджерите.

– *Нищо не ми оставили, забравили са ме* – протегна се Галинка и влезе в градината да погледа цветята. – *Ах, че хубави цветя!* – викна тя, почна да ги къса и да ги мирише.

Малките пчели летяха бързо от цвят на цвят и радостно бръмчаха.

– *Тези пък защо ли са се разбързали?* – рече Галинка и тръгна лениво към близкото черешово дърво.

Полежа на тревата под дървото, пресегна, както лежеше, откъсна няколко череши, за да залъже глада си, и почна да се прозява. Тъй прекара деня.

Вечерта тримата копачи се върнаха объхтани от работа, капнали от умора. Озърнаха се и що да видят: къщата неразтребена, в менците няма вода, огнището угаснало, кокошките заспали ненахранени.

Свекървата хвърли мотиката и най-напред грабна менците. Донесе вода от чешмата. Накладе огъня, сложи картофи в тенджерата и замеси една бяла погача. Набързо приготви вечерята. Галинка я гледаше, седнала на един стол, и си клатеше краката.

Когато вечерята беше готова, свекървата покани всички:

– *Хайде сядайте да вечеряме!*

Галинка се намести първа. Свекърът взе погачата и я разчупи на три парчета. Едното даде на жена си, другото – на сина си, а третото остави за себе си.

– *А на невестата?* – обърна се към него свекървата.

– *Тя не е гладна. Който не работи, не огладнява.*

Галинка прехапа устни, нацупи се и стана от трапезата. Прибра се в стаята си и почна да плаче. Цяла нощ не можа да заспи от глад.

На сутринта се повтори същото. Тримата работници отидоха да садят зеленчукова градина. Галинка не рачи да тръгне с тях.

– *Слънцето пече много* – рече тя, – *ще почернея.*
Оставиха я пак вкъщи. И този ден разгалената невеста не пипна нищо. Намери под една паница крайщник сух хляб, оставен за кучето, изяде го и пак се излежава до вечерта в градинката. И нали не донесе вода да я полее, хубавите цветя почнаха да вехнат.

Късно вечерта тримата работници се върнаха пак, капнали от умора. Свекървата, навъсена, замеси погача и когато седнаха на трапезата, свекърът отново раздели погачата на три парчета. Галинка остана с празни ръце.

– *Защо не даваш хляб на невестата?* – попита свекървата.

– *Защото, който не работи, не бива да яде!* – отвърна свекърът.

Цяла нощ Галинка се върти гладна в леглото и дълго мисли. Задряма призори. Щом пропяха трети петли, тя скочи. Потърси с очи свекъра, свекървата и мъжа си, но не ги видя, защото бяха излезли на нивата още по тъмно. Тогава Галинка запретна ръкави. Разтича се насам-нататък. Измете къщата и двора. Донесе вода от чешмата, поля цветята в градинката, накладе огъня и сготви ядене за работниците. Замеси брашно в нощвите. Изпече една погача. Като свърши всичката къщна работа, грабна хурката и седна да преде на прага.

Вечерта уморените работници, като видяха какво е свършила невестата – очите им светнаха. Галинка сложи трапезата, подаде погачата на стария сват и с трепет зачака да види какво ще направи. Свекърът пое погачата и я разчупи на четири къса. Най-големия подаде на Галинка и рече:

– Яж, чедо, ти заслужи хляба си, защото днес си се *трудила здравата!*

Галинка пое хляба и почна да яде. Никога не беше яла такъв сладък хляб.

The young Witty Peter

One morning, when Witty Peter was still a little boy, his tooth was aching. As he did not have money to go to the dentist, he was wandering around the streets, hoping the pain will miraculously go away. He stopped by at the bakery, which had just placed warm bread on the windows. There was a dentist cabinet right next to the bakery. The boy was looking at the bread with admiration so the old baker made a joke:

- *What are you looking at, boy?*
- *Nothing.* – answered Peter
- *Would you like to eat some bread?*
- *Yes I would, but I don't have any money.*
- *Let's see… Can you eat all of it?*
- *I do.*
- *And what if you can't, what are we going to do then?*
- *You can take one of my teeth out.* – answered Peter and looked up towards the small crusty breads that looked divine.
- *Okay. But you won't run away, will you? Let me call the dentist, so he is ready with the pliers.*

The bakes called the dentist and told him:
- *If this boy is not able to eat all of the bread, you will take one of his teeth out – front, back, whatever he chooses. I will pay for it.*
The witty Peter started eating the warm bread. He ate and ate until he was full. Then he stopped and said:
- *I cannot eat it. Take my tooth away.*

The boy opened his mouth and showed them the aching tooth. The dentist looked at the tooth, saw that it is inflamed and took it away. The clever boy cleaned his mouth and told the baker:
- *May you live a long and healthy life! You fed me with bread and took my pain away!*

Малкият Хитър Петър

Хитър Петър бил още малко момче. Една сутрин го заболял зъб. Нямал пари да отиде при зъбар да му го извади. Тръгнал да обикаля из улицата, дано го поотболи зъбът. Спрял се до една фурна, дето били извадили топъл симид. До фурната имало зъбарница. Момчето гледало със светнали очи симидите и хлебарят рекъл да се пошегува:

- *Какво гледаш, момче?*
- *Нищо.*
- *Яде ли ти се симид?*
- *Ядвам, ама нямам пари.*
- *Всичкия можеш ли го изяде?*
- *Мога.*
- *Ами ако не го изядеш, какво да те направя?*
- *Извади ми един зъб.*
- *Добре. Ама да не избягаш? Чакай да повикам и зъбаря, да е готов с клещите.*

Хлебарят извикал зъбаря и му рекъл:
- *Ако това момче не може да изяде всичкия симид, ще му извадиш един зъб — преден, заден, какъвто то си избере. Аз ще платя за работата.*

Малкият Хитър Петър почнал да яде топъл симид. Ял, ял — наял се. Спрял да яде и рекъл:
- *Не мога го изяде. Извадете ми зъба.*

Момчето зинало и посочило болния си зъб. Зъбарят погледнал зъба, разбрал, че е болен, и го извадил. Очистил си малкият хитрец устата и рекъл на хлебаря:
- *Пожелавам ти дълъг живот и здраве! И със симид ме нахрани, и от болния зъб ме избави!*

Serafim

A very strange looking man, neither from the village, neither from the city, was headed to Enyo's café and even Enyo himself, who was sitting in the front, could not recognize him. It was in the middle of the summer and yet this guy was wearing a ragged and thinned coat, long like a priest's cassock. He was wearing sandals and a rumpled cap, throwing shadow over his eyes.

Enyo was looking at the strange man and his eyes would always end up staring at his long coat. The coat must have been blue and made of a single piece of cloth once, but now nothing of its former self remained. It was frayed, almost destroyed, covered in patches and holes. Among the countless multicolored patches, one could see a couple of bigger ones, as they seemed to be taken from a potato sack or some woolen cloth. They were attached with glue and big stitches.

Enyo was sitting in the shade. The strange man walked towards him, took two or three more steps, and then stopped right in front of him. He did not recognize the visitor, but his eyes kept staring at the coat. A bit offended but still smiling, the man came closer sp Enyo could take a look at him. Thin and short, he was lost in his big coat like a cocoon. His face was dry, grimy and covered with a rare, red beard. His eyes were damp and foggy like a drunk's person or someone who had not slept. Taken by surprise, Enyo was staring while the stranger's smile grew bigger.

At last, the owner screamed:

- *Is that you, Seraphim? Jesus, what has happened to you?*
- *It's me, Enyo, from flesh and bones. Naturally alive, so to say!*
- *I thought it's some evil spirit!* – the owner said – *I thought the scarecrow from Mr. Todorov's garden came to life or that you had the plague. I was wondering who that low-life german must be...*

Seraphim's damp eyes shined as he nodded quietly. He calmly left his walking stick on the bench and let down his sack. Every year, sometimes every two years, he would appear around the same time, around Saint George's or Saint Dimiter's day, when the rich people would change their servants. Though he was from the city, he was always looking for work in the villages where he could do only small, insignificant jobs like feeding pigs, cleaning cattle sheds, or taking a couple of cows out to graze.

- *So, tell me, where have you been?* asked Enyo. *You've finished work early this year; the storks haven't even flown away yet.*
- *I was in charge of guarding some roofing tiles in Belitsa for a man named Panayot,* Seraphim replied with a very low voice as if he was afraid that someone might overhear. As he spoke, his eyes were wide and startled, and then suddenly he began to laugh allowing his teeth to shine between his chapped lips.
- *Harvest was good this year* - he continued, - *And you know, when Bulgarians have money, they build houses. But once the harvest passed, the turks came by with their carts and took all the tiles.*
- *Everything?*
- *Yes, every single piece. We sold out, and the man I was working for told me, 'I no longer need a guard, Seraphim.' He paid and sent me away.*

Smiling, Seraphim removed his coat, revealing his tall, frail body. He then carefully placed the coat on the bench and unconsciously touched his pocket.

Enyo knew that Seraphim must have saved some money while working away, so he joked:
- *You should buy a new coat.*
- *That's a great idea,* replied Seraphim, - *This one's done.* He examined his coat and smiled: - *It is fit for a museum, one could say.*

- *Sit down and relax.* said Enyo and entered the café.

It was deep and cool like a barn. There was no ceiling. The roof was formed by the two base planks, which met at the top. Large beams with hay were stacked under the baulks where there was a swallow's nest. Seraphim remained outside in the heat. He removed his hat revealing his matted, gray hair while slowly cutting his bread with a dull knife and sweetly chewing the dry mouthfuls. One swallow fluttered its wings just in front of his face and then flew into the café before going back out. Seraphim sat still, so a couple of sparrows could take the crumbs fallen from his bread. Meanwhile, a woman walked by, her dress rustling as she entered the café. She began talking out loud, and Seraphim could hear her.

- *So expensive, everything is so expensive, Godfather! The two or three eggs we got from the hen this morning were barely enough to buy salt and a bar of soap, a box of matches and gas!*
- *What about Ivan?*
- *He's resting. Where did this terrible disease come from? It has been 7 months since he last worked. There is something in his chest, he can't breathe and he's yellow, frail, and thin as a wafer. They told me to take him to the hospital.*
- *Hospitals are expensive*, said the café owner.
- *Of course they are.* The woman sighed heavily: - *The other day, our cow died. When I took it out in the morning, nothing was wrong with it, but in the evening, it fell dead at the gate. My heart is broken; we cried as if it were our own child.*
- *There is a disease now*, said Enyo, - *One of mine also died.*
-*We couldn't even use the meat or the skin as the doctor said, 'You can't eat the meat, it's infected; you'd better bury it.' Oh, I don't know what to do, I am shattered.*

The woman didn't seem like talking, but when Seraphim listened more carefully, he understood that she was whispering. Suddenly, Enyo screamed out loud:

- *I don't have any money! Where the hell would I get money for you?*
- *Please. Please don't turn me down, Godfather. Who else can I turn to? I am begging you.*
- *Leave me alone!*, Enyo hissed. - *I told you, I don't have anything!*

The woman started crying. Seraphim listened to her cries, she sounded like she was beaten. Angry, Enyo stood at the door, and Seraphim quietly put his bread away while sitting up. The woman quickly left the café wearing a kerchief as if she did not want to show her face, but you one tell she was still young.

- *Did she ask for money?*, said Seraphim.
- *Yes, she did. However, I'm not a bank! She wants to take her husband to the hospital. But if I don't have any money, how can I give it to her?* Enraged, Enyo shouted, - *I'm broke. Flat broke!*

Seraphim could never stay still for too long and began to stack rocks that had been unloaded some time ago in front of Enyo's house; he then brought water from the spring.

In the evening, Seraphim fixed his bed in front of Enyo's café.

- *Come on, at least stay here under the roof!* said Enyo. - *Sleep on the bench against the wall if you like.*
- *No, here it is better.*
- *It's cold and windy!*
- *It doesn't matter. When I die it just won't be a problem— there won't be any wind.*

He then looked at Enyo with tear-filled eyes and a vague smile. *"He's afraid he'll be robbed"*, thought Enyo. He left Seraphim to do as he wished and then closed the café to go home.

The next day, Enyo found Seraphim sitting on the bench in front of the café and cutting bread with the dull knife. He stared at him for a long while and finally asked:
- What have you done?
- I haven't done anything. Seraphim responded.
- You gave money to Pavlina - the girl who was here last night and wanted money from me. I was just at her house, she told me everything. How could you lend money to someone you don't even know? She could have lied to you. She may not even pay it back.
- Oh, don't worry, she will. Do you know what the deal is? When God pays her back, she will pay me back. I'm not in a hurry. At least her husband's in the hospital now and could be taken care of.

Enyo bit his lip.
- And what about the new coat? How are you going to buy it now?
-I have one already. There's nothing wrong with it." Seraphim took his coat from the bench and unfolded it smiling and nodding his head as if he were counting the patches or remembering something.

It was more than ten years ago when he decided to buy a new coat. When he was still young, he would instantly spend anything he earned. Now he no longer drank because his health wasn't good, but he would often give away some of his money as he had done that morning. Since then, the large gray patches started to appear on his coat.

- It's still good!" Seraphim, said joyfully. - I'll patch it up again and wear it this winter. And perhaps, one day I'll stand before God with it.

Seraphim spoke without looking at Enyo, and the long coat fell at his feet.

Серафим

Един чудноват човек, нито селянин, нито гражданин, дрипав, окъсан, идеше към Еньовото кафене и самси Еньо, седнал отпред кафенето на сянка, не можеше да го познае кой е. Посред лято в тая страшна жега, тоя човек беше навлякъл дълго зимно палто, като попско расо, на главата му беше нахлузено смачкано бомбе, а краката му бяха обути с цървули. Но най-често очите на Еня се връщаха върху палтото на непознатия: едно време то ще е било синьо, ще е било от един плат, но сега нищо не личеше — оръфано, разнищено, навред надупчено, навред кърпено. И между безбройните разноцветни кръпки най-много се хвърляха в очи две-три много големи, взети сякаш от чувал или от най-проста аба и лепнати, както доде, с едър шев и избелели конци.

Човекът доде на две-три крачки и се спря. Той разбра, че Еньо не може да го познае, и малко обиден, с подигнати вежди, леко усмихнат, остави се да го геда Еньо и зачака. Той беше мършав, дребен човек, изгубен в окърпеното палто като в пашкул. Лицето му беше сухо, черно с рядка черна брада, очите му, като у пияниците или у хора, които не са си доспали, бяха влажни и замъглени.

Еньо продължаваше да го гледа втрещено, непознатия се усмихваше повече.

- А бре, Серафиме, ти ли си? - извика най-после Еньо. - Ух, да те убий здраве, да те убий! Не мога да те позная бре...
- Аз съм, бай Еньо, аз. Натурален като жив, тъй да се каже...
- Аз пък рекох, че е таласъм. Помислих, че плашилото от даскал Тодоровата бахча иде насам. Да те вземе мътната, да те вземе. Мисля си: какъв ще е тоз изпаднал германец!

Серафим се засмя тихо, беззвучно, като поклащаше глава, той подпря на пейката тоягата си, сне и чувалчето, което носеше на рамото си. Всяка година, а понякога през година и през две, той се явяваше по тия места на Гергьовден или по Димитровден, когато слугите менят господарите си. Той беше от града, но търсеше работа по селата. Можеше да работи само лека, маловажна работа: на някоя мелница се приставяше да храни свинете, да чисти обора на някой хан, или пък пасеше един-два добитъка.

— *Де беше туй лято?* — попита го Еньо. — *Рано си напуснал, щъркелите още не са си отишли. Де беше?*
— *В Белица бях туй лято, на една керемидарница. Има един Панайот там, кермедчия, при него бях. Керемидите му пазех.*

Той говореше ниско, като че се боеше да не го чуе някой, с разширени и учудени очи, а после изведнъж се засмиваше и между посинелите му устни светваха зъбите му.

— *Сухо беше туй лято* - продължи той, — *добра стока изкараха хората. Ама и берекетя натъй по селата беше добър. А нашите българи, бай Еньо, кога имат пари, къщи правят. Като мина харман, че като надойдоха ония турлаци с талигите, иззеха що керемиди имаше...*

— *Хъм... Взеха ги?*
— *До една. Свършиха се. И чорбаджията, Панайот: нямам, кай, нужда от пазач, бай Серафиме, свободен си. Даде ми хака и... отряза ми квитанцията, тъй да се каже...*

Като каза това, Серафим се усмихна и тъй като беше съблякъм палтото си, стоеше сега, мъничък, слабичък. Щом остави палтото на пейката, той тозчас се попипа над кръста, по пазвата. Еньо разбра, че там нейде е скътал парите си.

— *Че вземи да си купиш едно палто!* - посъди го строго Еньо. - *Все трябва да си изкарал някоя пара. Да си купиш едно палто!*

- Ща, ща, бай Еньо. Едно палто ще си купя. Ще си купя, защото туй веке за нищо го не бива. - Той погледна палтото и се усмихна - То е, тъй да се каже, добро за музея...
- Седни, седни да си починеш — каза Еньо, след туй стана и влезе в кафенето.

Колкото можеше да се види през вратата, вътре в кафенето беше дълбоко и хладно. То беше проста сграда, като плевник, нямаше таван, двете стрехи се срещаха нависоко и между върлините, наслагани начесто, се виждаше сеното под керемидите. Едно лястовиче гнездо беше залепено до средната дебела греда.

Серафим, гологлав, със сплъстена посивяла коса, седеше на пейката, режеше по малко с една костурка от хляба си и сладко-сладко дъвчеше сухите залъци. Лястовичката, която имаше гнездо в кафенето, трепна с крилете си току пред лицето му, влезе вътре, повъртя се, след туй пак тъй бързо се стрелна навън. Две-три врабчета подскачаха към Серафима и той се пазеше да не мръдне, за да могат да си вземат някоя трохичка. Една жена запърполя с полите си и влезе в кафенето, но Серафим не я погледна.

След малко жената заприказва високо и той даде ухо:
- Скъпо, всичко скъпо, кръстник Еньо! Какво да купим с две-три яйца, дето ги вземаме сутрин от кокошките? Едвам сварваме да си вземем по кривач сол и калъп сапун, та да се оперем. Туй кибрит, газ - забравили сме го. Че барем да сме по-добре, да сме здрави кръстник Еньо, а то...
- Какво прави Иван? Как е сега?
- Как ще е Иван - лежи. Отде дойде таз болест, кръстник Еньо, отде дойде. Сега по света Богородица ще стане седем месеца как не е похванал работа. Души го нещо в гърдите, подпира го ей тука е.

Отслабна, да го духнеш, ще падне. Не е добре, кръстник Еньо, жълт, черен, като пръст. Думат ми: заведи го в болницата, тури го на колата и го заведи в болницата.

- За болницата трябват пари - каза Еньо.
- Трябват ами, как да не трябват! - Жената въздъхна, след туй продължи: - Че нали ни умря из онзи ден, кръстник Еньо, и биволицата. Изкарах ясутринта здрава и читава, нищо й нямаше, а вечерта като си доде, гътна се пред сам вратника и умря. Душата ми се обърна, плакали сме, като че умря чиляк...
- Болест има по добитъка - каза Еньо. - И на мене ми умря една телица.
- Ни от месото зехме, ни кожата. Доде фелдшера и каза: „Не бива, кай, да ядете от нея, ще я заровите с кожата, с все"... Ох, то нашето тегло! Не знам, не знам...

Жената замълча, но като се ослуша по-добре, Серафим разбра, че се шепне. Изведнъж Еньо извика:
- Нямам пари аз! Отде ще ти взема пари да ти дам? Нямам...
- Не думай тъй, кръстник Еньо, не ме връщай. Ти ще ми помогнеш, ти ще ми дадеш... Че при кого другиго да ида, кръстник Еньо, при кого да си ударя главата, злочеста аз... Кръстник Еньо... моля ти се като на господа...
- Остави ме, ти казвам, нямам пари! - изкрещя Еньо.

Жената млъкна и заплака. Серафим я слушаше как хълца и как вие като пребита. Ядосан, Еньо се показа на вратата и погледна надалече, без да спира очи някъде. Серафим тихичко прибра хляба си и се изправи. Жената излезе от кафенето и си отиде. Тя тъй беше се забрадила, че лицето й не се виждаше. Но по вървежа Серафим разбра, че е млада.

- *Пари ли иска?* — пошепна той на Еня.

- *Пари иска. Отде да й ги взема, аз банка ли съм? Искала да води мъжа си на болницата. Добре, ама като нямам? Като нямам, какво да й дам?* - сърдеше се още Еньо.
- *Значи, сиромашия. Сиромашия до шия, а? Тъй да се каже...*

Серафим малко работеше, бавно пипаше, но не обичаше да стои празен. Пред къщата на Еня, която беше наблизо, бяха стоварени кой знай кога камъни и както бяха насваляни, тъй си стояха разхвърляни. Серафим ги прибра на едно място и ги нареди. След туй ходи за вода. След туй — поля пред кафенето и премете.

Вечерта Серафим остана на гости на Еня, но отказа да спи в кафенето. Той застана точно по средата на мегдана пред кафенето и там взе да си приготвя легло.

- *Че са барем тука под стряхата бе, българино!* - рече му Еньо. - *Дай си гърба на стената, легни на пейката, ако искаш.*
- *Не, тук ми е по-добре мене.*
- *Ще ти духа.*
- *Не ми духа. Да ми духа сега, че като умра, няма да ми духа, няма да ми вей...*

Той гледаше Еня и се усмихваше с насълзените си очи. „Страх го е да не го оберат" - помисли си Еньо, като забеляза, че Серафим се попипва по пазвата. Той го остави да прави каквото си ще, затвори кафенето и си отиде в къщи.

На другия ден той се забави късно дойде да отвори. Той завари Серафим седнал на пейката и, както вчера, режеше си хляб с костурката и закусваше. Еньо се изправи пред него, изгледа го продължително, след туй каза:

- Ти какво си направил?
- Какво съм направил! Никому нищо не съм направил - кротко отвърна Серафим.
- Дал си пари на Павлина, оназ, дето снощи беше тука, дето искаше пари от мене. Аз сега бях у тях, тя ми каза. Как тъй даваш пари на човек, когото не познаваш? Че може да те излъже, може да не ти ги върне.
- Ба, ще ми ги върне тя. Нека заведе мъжа си на болницата, може да му помогнат докторите. А пък моите пари ще ги върне. На нас, помежду ни, условието знаеш ли как е?- Когато господ на нея - и тя на мене. Аз не бързам.

Еньо прехапа устните си и замълча.
- А палто? С какво ще си купиш палто? — каза той.
- Че нали имам палто? Я го, я! — Серафим взе палтото от пейката и го разгъна. — Хубаво си е то мойто палто, нищо не му е...

Той се усмихна и леко поклащаше глава, като че броеше кръпките или като че си спомняше нещо. Десет и повече години има, откакто се кани да си купи палто. Докато беше млад, каквото изкарваше, изпиваше го. Сега вече не пиеше, защото твърде не беше здрав, но често даваше някому парите си, както беше ги дал тая сутрин на Павлина. Оттогаз на палтото му взеха да се явяват тия големи кръпки от сива аба.

- Хубаво си е то, мойто палто продължи той с някаква особена радост в гласа си. - Аз като го позакърпя пак, ще прекарам с него и таз зима. Пък ако ми е писано, с него може и пред Бога. То там, на онзи свят, туй палто може да ми помогне. Може пък там да ми дадат ново палто, златно, тъй да се каже, скъпоценно...
Серафим говореше с Еня, но не го погледна. Той пусна палтото на колената си, позагледа се пред себе си и се усмихна.

The golden apple

Long time ago in a small village lived a family of a woman and her three sons. In the garden they had a beautiful enchanted apple tree. Once per year it would give a fruit – a golden apple. But always, in the night when the apple was ripening and starting to shine between the branches of the tree, a wyvern would come and take it away.

One year, as the time for the apple to grow was approaching, the eldest of the sons told his mother:
- *Mother, I will go protect the apple. Give me a knife and some walnuts, so I don't fall asleep.*
He sat under the tree and started cracking the walnuts. Suddenly, a very strong wind started to blow, bending the trees against the ground. Dark cloud embraced the sky and the stars as the big wyvern came from it, took the apple and flew away.
On the following year, the other son told his mother:
- *Mother, I am going to protect the apple. Give me some walnuts as I go.*
He also sat under the tree but got so distracted from cracking and eating them that he didn't even see the wyvern stealing the apple once again.
On the third year the youngest son said:
- *Mom, this year I shall protect the apple. Give me the knife!*

In the night he climbed the tree, hid himself between the branches and waited. Around midnight the air suddenly started trembling, a strong noise filled the air as the wyvern came flying towards the apple. The youngest brother jumped against the monster with the knife in his hand and started fighting it. The earth was shaking from the battle and the boy was fearlessly fighting the monster. Finally he managed to stab the wyvern. She screamed from pain, spread her wings and flew away. The youngest son took the apple and brought it to his mother.
Meanwhile his brothers were sleeping so deeply that it took him ages to wake them up so they could go searching for the wounded monster.

The blood traces were leading to a cave, so deep and dark, that you could barely see its bottom.

The oldest brother said that he is the bravest and asked them to help him dive in the cave. They tied him with a rope around the waist and started letting him inside the cave. As he got deeper and deeper he got scared and pulled the rope so they could pull him back up. The middle brother followed him but he got scared too and wanted to go back up. The youngest brother told them:
- *It is my turn now. If I pull the rope once, let me down. If I pull it twice, pull me up.*

The brothers tied him and started letting him down the cave. After three days of diving he finally hit the bottom of the cave. He wandered in the darkness but finally found the castle of the wyvern. Three beautiful maids were standing in the garden in front. Two of them were playing with golden apples and the third one – the most beautiful – was playing with an ordinary one.
- *Maidens, let me in!* – pleaded them the little brother
- *Go back, brave boy!* – The youngest girl said – *Our mother, the wyvern goes away every year to bring us a golden apple, this year she came back without it and is laying inside sick and furious. If you go inside, she will eat you!*
- *You either open the door, or I will break the windows and go inside!* – The youngest maiden then opened the door and he killed the wyvern. The boy took the girls out of the castle and brought them to the place where the rope was laying. He tied the eldest sister and the brothers pulled her up. Then the middle sister followed – the brother tied her as well and his brothers pulled her up. The youngest brother and sister were remaining :
- *If I tie you now and they pull you, they will probably end up in a fighting for you and will not pull me up.*

The maiden answered:
- *Take this ring. If they start fighting for me, I will tell them I will marry the one who can give me self-creating clothes.*

You will wait for a little bit and if your brothers don't save you, you will fall even further down. There are two rams there – one white and one black one. If you fall on the white ram, it will take you in the upper land, your home. If you fall on the black one, it will take you to the underworld.

The boy tied the maiden and his brothers pulled her up. He waited and waited. The earth under his feet disappeared and he started falling down, landing on the black ram. As they reached the underworld the ram run away and the boy started wandering around. He finally reached a city and knocked on the door of the poorest house. Inside, a very old lady invited him to enter and started preparing bread for him. As she was preparing the bread the boy saw she was using her spit to mix the dough. Shocked, the boy asked her why she was doing that.

She answered, crying:
- What am I supposed to do, boy, when a terrible dragon terrorizes our village? He dried the rivers and didn't let us go to the springs unless we gave him someone to eat. I gave and gave but it has already been a year since he last let us go to the spring. Now the kingdom will sacrifice his daughter and then the whole city will have water.

As the boy heard that, he ran to the place where the dragon was just preparing to tear apart the princess. The boy ran towards the monster and stabbed him with his knife; the king's daughter, happy and relieved went with the boy in the kingdom.
The old king asked the boy:
- What do you wish to have as a reward for saving my daughter and the village from this monster? Name it and it's yours.
- I just want to go back to my world. – answered the boy
- This, I cannot do for you, but if you can find someone to bring you there, I would gladly help!

The boy headed towards the nest, laid under it and fell asleep. Suddenly he was awoken by the sound of the screaming little eagles in the nest – there was a big snake with three heads crawling on the tree towards them.

The brave boy jumped up and cut the snake's heads with his knife. As the elder eagles came back from hunting they saw the boy and thought he was trying to kill their children. But the little chickens hurried up to tell them that the boy was actually the one who saved their life from the monstrous creature! Filled with gratitude, the eagles asked the boy what he wanted in return.

The boy replied:
- *Please, bring me to the upper land where my home is.*
The eagles asked him to find nine barren cows and feed them with the meat during one month. Then he had to prepare an iron cage with chains, put the meat and water inside and they would carry him back up. The boy did everything they asked for and as promised, one month later, the birds took him with their wings and started flying with him towards the upper world. He was supposed to give them meat and water whenever they asked. Finally, they reached the upper world. As they finally stepped on the land, the boy went out of the cage and the birds told him:
- *Now, boy, you may go back to your family.*
- *I don't have any power.* – The birds saw that the boy was giving them pieces of his own body so they kept flying towards his home. So big was his desire to come home. As they saw that they touched him with their wings and the wounds healed magically. The boy went home and found his brother fighting for the youngest sister. She said:
- *I will marry the one who can give me self-creating clothes!*
The brother remembered the ring the maiden gave him, took it out and the clothes appeared.

The little sister married him and they lived happily ever after, having one golden apple every year.

Златната ябълка

Една жена имала трима синове. В двора растяло ябълчево дърво, което раждало в годината по една златна ябълка. Всяка година дохождала хала и откъсвала ябълката.

Най-старият син рекъл:
- *Мале, дай ми нож и орехи, че ще отида да вардя ябълката.*
Взел ножа и орехите, отишъл под дървото и захванал да троши орехите, а халата дошла с мъгла и грабнала ябълката. Синът си отишъл у дома и рекъл:
- *Мале, не можах да увардя ябълката, халата дойде и я грабна.*

На другата година отишъл средният син, но халата дошла и пак грабнала ябълката.

На третата година най-малкият син рекъл:
- *Мале, дай сега на мене ножа, аз да отида и да вардя ябълката.*

Той се качил на дървото и седнал до ябълката и когато халата дошла пак с мъгла, момъкът я ръгнал с ножа си. Халата тогава избягала назад, а той откъснал ябълката и я занесъл на майка си. След това поканил братята си да отидат да търсят халата. По дирите на кръвта ѝ стигнали до една дупка, в която била влязла халата.

Малкият брат предложил да спуснат едного от тях в дупката. Най-големият брат склонил да спуснат него. Но като стигнал до средата на дупката, той се уплашил и заклатил въжето и другите братя го изтеглили. След него спуснали средния, ала и той се уплашил и заклатил въжето.

Най-после най-малкият казал: „Аз ще сляза долу; поклатя ли въжето, спускайте надолу; поклатя ли пак, спускайте още, докато престана да клатя."

Тъй другите двама го спускали, додето слязъл чак на дъното и намерил къщата на халата. Той погледнал през прозореца и видял, че в стаята седят три девойки. Едната си играела със златна ябълка, другата също, а най-малката нямала златна ябълка, та си играела с един златен плъх на златна тепсия.

Момъкът се обърнал към нея и викнал:
- *Девойко, отвори ми вратата да вляза.*

Едната от девойките отвърнала:
- *Върни се назад: майка ни ходи две години наред, та ни донася по златна ябълка, а сега си дойде болна и без ябълка; ако те пуснем да влезеш, ще те изяде.*
А той казал: - *Или ми отворете, или ще разбия стъклото и ще вляза през прозореца!*
Тогава станала най-малката, та му отворила и той влязъл и убил халата.

Подир това извел девойките из къщата и се отправил с тях при въжето. Свързал най-напред голямата, заклатил въжето и братята му издърпали девойката горе при тях; свързал сетне по-малката, изтеглили и нея горе.

Останали долу още най-малката девойка и той.

- *Ако те свържа и оставя да те изтеглят, братята ми може да се скарат за теб и да не ме извлекат горе, ако пък те отвържа и изляза аз по-напред, ти надали ще искаш да излезеш после.*
Девойката му рекла:
- *Вземи този пръстен. Ако горе се скарат за мене, аз ще поискам да ми направят дрехи самотворни; който ми направи такива, него ще взема. А ти ще постоиш след мене още малко и ако братята ти не те изтеглят, ще паднеш още по-надолу. Там има два овена — един бял, друг чер. Ако паднеш върху белия, той ще те изнесе на бял свят; ако паднеш върху черния, той ще те отнесе в усвет.*

Момъкът свързал девойката и братята му я извлекли. Той постоял още малко и после пропаднал надолу и възседнал черния овен. Щом стигнал на усвет овенът се изгубил, а малкият брат тръгнал, където му видели очите.

Отишъл в един град и потропал на вратата на най-бедняшката къща. Отворила му една баба и го поканила да влезе. Тя почнала да меси хляб за вечеря: плюела и замесвала брашното със слюнка. Като я попитал защо меси със слюнка, бабата му казала:

- Какво да сторя, синко, като имам шест деца! Една хала е спряла реките и изворите и не ни пуска да си налеем вода, ако не й дадем да изяде някой човек. Аз давах, давах — издавах се вече, а тя, ето вече цяла година, не ни пуска да си налеем вода. Сега царят ще изпрати дъщеря си да я глътне халата и тогава целият град ще има вода.

Момъкът попитал бабата за царския дворец и тя му го посочила. Той се отправил за конака и там заедно с царската дъщеря се качил в една кола и отишъл на мястото, дето излизала халата. Той полегнал малко и заспал върху скута на царската дъщеря; в това време халата излязла от ямата и се затекла към царкинята да я глътне. Царската дъщеря се разплакала и една сълза от очите й капнала върху лицето на момъка и го събудила. Той се надигнал бърже, грабнал ножа и пробол халата.

Подир това водата веднага протекла. Царят искал да награди момъка и го запитал да каже какво иска. Момъкът отговорил:
- Не искам нищо на този свят; искам да си отида в нашата земя." На това царят казал: „*Ако се наеме някой да те изнесе, аз ще дам всичко каквото потрябва.*

Момъкът отишъл под дървото, легнал и заспал. По едно време орлетата запищели и той се събудил.

Погледнал нагоре и видял, че по дървото лази триглава змия: той замахнал с ножа си и отсякъл и трите й глави. Орлите помислили, че момъкът е нападнал рожбите им и се спуснали отгоре му да го кълват, но малките орлета изпреварили и казали:

- Не посягайте, тате, и ти, мале, на този човек: той погуби змията и ни спаси живота.

-Ей, побратиме — рекли тогава орлите, — кажи, какво добро искаш да ти сторим?

- Не искам нищо; искам само да ме изнесете на горната земя — отвърнал момъкът.

- Да те изнесем. Намери девет крави от девет години ялови, и ни храни един месец; направи после един сандък с железни вериги, тури в него месото, което остане, и седни при него; напълни и една кожа с вода. Ние ще преметнем веригите на рамо и ще те понесем; из пътя, като кажем «га» ще ни дадеш месо; когато кажем «пию», ще ни дадеш вода.

Момъкът приготвил всичко, както му било поръчано, и след един месец птиците го взели на крилете си и го понесли нависоко. Но приготвеното месо не стигнало, а птиците продължавали да искат още. За да не им откаже, момъкът късал мръвки от дланите на ръцете си и от стъпалата на нозете си и им ги давал. Най-после го изнесли на видело, на земята, и го попитали:

- Побратиме, от какво беше месото, което ни даде най-после?

- Срам, не срам, побратими, ще ви кажа — отговорил момъкът, — отрязах го от дланите на ръцете и от стъпалата на нозете си, защото кравето месо се бе привършило.

- Тъй ли? Да знаехме, че си толкова сладък, изядвахме

те още под дървото" — рекли орлите.

След това момъкът си отишъл у дома, при братята си, които се карали още за най-малката девойка.

- *Аз искам дрехи самотворни, казвала девойката; който ми ги направи, него ще взема.*

Малкият брат си спомнил за пръстена и щом го погледнал, дрехите станали от само себе си. Така най-малката сестра взела най-малкия от братята и кавгите престанали.

The legend of the "martenitsa"

The most popular legend about the martenitsa, which is found in many songs and tales, tells the story of Khan Kubrat's daughter Huba and the dove, who brought white and red cord to Asparuh (her brother).

At the end of his life, the ruler of the proto-bulgarians, Khan Kubrat called his five sons and advised them not to separate each other; to stay strong together so that foreign enemies could not attack and capture them. Time passed and the mighty khan died. The Khazarians, his strong enemies from the North attacked and captured the king's daughter – Huba. Their leader – Khan Ashina, offered the sons of Kubrat a deal. Only if they recognize him as their official ruler and obey him, he was going to free their sister and leave them their lands. The khan's sons were facing a difficult challenge.

The oldest son Bayan recognized Khazarian khan's rule and stayed with his captured sister. One of the brothers headed north, the others – Asparuh, Kuber and Alcek headed south. Before separating, the brothers made a secret deal with Huba and Bayan – they would remain with the Khazarian king until one of the others finds a new land. Then they would send Huba and Bayan a dove with a golden cord on his leg, which would be a sign for them to escape.

Not long after, a dove with a golden cord, tied to his leg flew to Huba. It was sent by Asparuh, who had established his new kingdom south of the river Donau. Huba and Bayan managed to escape from Ashina and reached the shores of the river. They did not know what to do – the bird was showing them the way but they did not know how to reach the other shore. As a sign, Bayan took white cord and tied it to the leg of the dove. They wanted to send it to Asparuh, as a sign that they are close. Just a moment before letting the bird fly, the Khazarian's soldiers, who were following them came and started to shoot arrows.

Bayan was wounded by one of the arrows and the cord turned red from his blood. In that moment Asparuh, who was expecting his siblings, came together with his soldiers. The khazarians, who were outnumbered, ran away, afraid by the power of the Bulgarian weapons.

Asparuh helped Huba and Bayan cross the river and brought them to their new kingdom. He took the cord from Bayan and tied the white end with the red one. He admitted that they did not listen to their father's advice to stay united and that is why they had to pay with their blood for their disobedience and separation. He gave a little piece of the cord to all of his soldiers. His testament was that the white-red cord should never be divided, because this bloody cord would always connect the Bulgarians and remind them of the glorious kingdom of khan Kubrat and his testament – that they should stay united in order to be strong.

This happened on the first of March. This is how the name of the "Martenitsa" was born.

Since then, on this day, all Bulgarians tie white-red cords on their hands, as a memory for this day and as a symbol for health, joy and success.

Легенда за мартеницата

Най-разпространената легенда, възпята в много народни песни и предания, разказва историята за Кубратовата дъщеря Хуба и гълъба, който пренесъл бяло-червен конец на Аспарух.

Към края на своя живот владетелят на прабългарите хан Кубрат повикал петте си сина и им заръчал да не се разделят, да бъдат винаги заедно, за да не могат врагове да ги нападнат и поробят. Минало време, могъщият хан починал. Тогава хазарите, едни от неговите силни врагове, нападнали прабългарите и пленили дъщерята на Кубрат – Хуба. Предводителят им, Хан Ашина, предложил на синовете на Кубрат да го признаят за техен владетел. Това било условието, за да освободи сестра им и да им остави земите. Ханските синове били поставени пред трудно изпитание.

Най-големият син Баян признал хазарското владичество и останал при пленената си сестра. Единият от братята се отправил на север, а другите - Аспарух, Кубер и Алцек потеглили на юг.

Преди да се разделят, братята тайно се уговорили с Хуба и Баян, те да останат при хан Ашина докато някай от тях намери свободна земя. След това този, който намери земя и създаде нова българска държава щял да им изпрати птица вързана със златна нишка на крачето, която ще бъде знак да избягат. И така, братята потеглили и оставили пленената девойка и Баян в ръцете на злия Ашина.

Не след дълго при Хуба долетял гълъб, изпратен от Аспарух, който имал златен конец на крачето. Както се били разбрали, Хуба и Баян избягали от Ашина и достигнали водите на Дунав.

Не знаели какво да направят. Птицата можела да им покаже пътя, но те не знаели как да преминат на другия бряг. Баян взел бял конец, който Хуба вързала на крачето на гълъба. Така тя искала да уведоми брат си Аспарух, че вече са наблизо. Но точно миг, преди да пуснат птицата да полети, се появили преследвачи от хазарите, които започнали да ги обстрелват. Баян бил ранен от стрела и началото на конеца, който държал, почервенял от кръвта му. В този момент на другия бряг на реката се появил Аспарух с неговите войници. Той очаквал появата на брат си Баян и сестра си Хуба. Хуните, знаейки силата на българското оръжие, се изплашили и обърнали конете си назад.

Аспарух помогнал на Хуба и Баян да преминат реката и ги отвел при своите войници. Взел конеца от Баян и белия му край завързал с червения. След това Аспарух застанал пред войската и признал, че той и неговите братя не са се вслушали в съвета на баща си и така са заплатили с кръвта си своето разединение. Закичил всеки един от своите войни с късче от този свещен конец. Заръчал червено-белият конец никога да не се разкъсва, защото тази окървавена нишка завинаги ще свързва българите и ще им напомня за славната България на Кубрат и за неговия завет - винаги да са единни.

Това се случило на първи Март. Така се родило и името на мартеницата.

Оттогава на тази дата всички българи се окичват с червено-белите конци, като спомен за онзи далечен ден и като амулет за здраве, радост и успех.

About the martenitsa

Our ancestors were creating them from wool and cotton and the classic combination of colors would be red and White. There are also other variations – blue and white (usually for boys) or red and blue (typical for some regions around Sofia and Melnik). The martenitsas could also be just one color – pure red or pure white. In the Rhodope Mountain the bright colorful martenitsas are very popular. Sometimes at the end of the cords people would tie up small figures of a man and woman made from wool. They are known as Pijo and Penda and represent the unity between the male and the female.

Today, martenitsas are worn as bracelets, necklaces or even fixed on the clothes. In the past however, they were fixed to different parts of the body – on the fingers of the hands and the feet, on the elbows or on the waist. For unmarried males they would be tied on their pants. These parts are chosen on purpose, as they usually connect different parts of the body and represent vulnerability – so the martenitsa would be tied there to serve as a symbolic protection.

The martenitsas are usually created by old women but there are exceptions. For example, in some places the maidens make them as a special gift for their loved ones. The martenitsas were worn not only by humans, but by animals as well – so they can be healthy during the whole year.

The white and the red cords of the martenitsa are symbols of the male and female energy, the passive and the active, the purity and the vital power. It is interesting to see that the same colors are present in the wedding rituals. At many places, as the newlyweds enter into their new home, there is a red cord placed on the way.

The mix of red and white could be seen on the clothes of the groom and the bride. The bride is wearing white shirt and red belt and the groom is wearing white towel and red belt.

The connection between the martenitsa and the act of creation is seen in other traditions and rituals: sometimes the church is wrapped around with red and white cords in order to provide happy marriage or conceiving. In other cases, the layettes of the newborn baby are also tied with red-white cords.

За мартеницата

Нашите предци са я изработвали от вълна или памук, като класическата комбинация е между червено и бяло. Срещат се обаче и други варианти: синьо и бяло (обикновено за момче) или синьо и червено (характерно за някои райони като Софийско и Мелнишко). Мартениците могат да бъдат и едноцветни – чисто бели или чисто червени, а в Родопите са популярни пъстрите мартеници, украсени с разноцветни конци. Понякога на двата края на пресуканите конец се закрепят направени от конци или вълна фигурки на мъж и жена, известни като Пижо и Пенда.

Днес мартениците се носят най-вече закичени на дрехата, вързани на китката или като колие на врата. В миналото обаче се поставяли на различни места по тялото: на пръстите и китките на ръцете; на врата, на пръстите на краката, на лактите под ръкавите на ризата или пък на кръста под пояса или в гащите – при мъже и ергени. Тези места не са избрани случайно, това са ставите, които свързват определени части на тялото и се мислят като слаби и застрашени, затова имат нужда от защитната сила на мартеницата.

Според традицията мартениците се изработват най-често от възрастни жени, но има и изключения, например на някои места момите правят мартеници за любимите си като специален любовен дар. Мартеници се връзвали не само на хората, но и на домашните животни – за да са здрави и да се плодят през годината.

Белият и червеният цвят на мартеницата обикновено се тълкуват като символи на женското и мъжкото начало, на пасивното и активното, на чистотата и жизнената сила.

Показателно е, че със същата символика тези цветове присъстват и в сватбената обредност. На много места въвеждането на младоженците в новия дом става по червен конец или мартеница, постлана на пътя им.

Преплитането на бялото и червеното се вижда и при облеклото на младоженците: булката е с бяла престилка и прибулена с червен пояс, а младоженецът е запасан с червен пояс и носи бяла кърпа. По тази логика в лицето на младоженеца и булката могат да се видят „живи мартеници", а във фигурките на Пижо и Пенда – младоженци.

Връзката на мартеницата със зачеването и раждането се вижда и от някои специфични народни ритуали, при които църквата се опасва с мартеница за осигуряване на щастлив брак или за забременяване, а пелените на новороденото дете се привързват с повой от пресукан бял и червен конец.

About the Publisher

Ogi Karam is a Digital Native & Nomad, born in Varna, Bulgaria,

Master in Multimedia and Social Communication.

Coach and Consultant.

Official personal website:
www.OgiKaram.com